Liliana González Revro

La huerta en macetas

CULTIVO DE VEGETALES EN ESPACIOS PEQUEÑOS

LA HUERTA EN MACETAS
es editado por: Ediciones Lea S.A.
Av. Dorrego 330 (C1414CJQ),
Ciudad de Buenos Aires, Argentina.
info@edicioneslea.com
www.edicioneslea.com

ISBN 978-987-634-345-9

Queda hecho el depósito que establece la Ley 11.723.

Primera edición, séptima reimpresión.
Impreso en Argentina.
Agosto de 2016. Pausa Impresores.

González Revro, Liliana
La huerta en macetas : cultivo de vegetales en espacios pequeños . - 1a ed. 7a reimp - Buenos Aires : Ediciones Lea, 2016.
32 p. ; 24x17 cm.

ISBN 978-987-634-345-9

1. Horticultura. 2. Huerta Urbana. I. Título
CDD 635

Introducción

La siembra de vegetales comestibles en macetas o recipientes similares (lo cual implica, básicamente, no hacerlo en el suelo o tierra), es conocida en la actualidad con el término macetohuerta y es una actividad que, más que seguidores, genera verdaderos apasionados. Y razones para ello no le faltan: permite ahorrar dinero en las compras, asegura productos de procedencia fiable, viste de verde y otros colores el lugar de emplazamiento (pudiendo ser este un patio, una terraza o hasta un balcón) y su ejecución tiene importantes efectos antiestrés. Pero hay algo más: cualquier verdura, fruta o hierba criada por usted mismo de forma artesanal y natural tendrá, además, el indescriptible sabor de un logro personal.

Sin embargo, es bueno recordar que las plantas en maceta (o recipientes similares) dependen en su totalidad de quien las atienda, por lo que la clave del éxito de una huerta en maceta está en no abandonarlas a su suerte y en prodigarles los cuidados que la planta necesite para prosperar y entregarnos sus preciados frutos.

Tres factores son imprescindibles para lograr una buena huerta en maceta: agua en cantidad suficiente pero no excesiva, un sustrato rico en nutrientes y buena luz solar. De ellos y otras cuestiones hablaremos a continuación.

Agua, riego y humedad

- Vayamos a la primera de las variables: el agua. Los cultivos de una macetohuerta, en general, necesitan mucha agua. Pero esto conlleva un inconveniente: si se riega de forma muy abundante y buena parte del agua se descarta con el drenaje, irremediablemente se pierden valiosos nutrientes que la planta necesita para crecer.

Para evitar tal desperdicio se recomienda colocar un fondo estanco, donde se acumule el agua. Ello asegura que el vegetal en cuestión nunca quede seco, al tiempo que minimiza la pérdida de nutrientes.

- Si el riego es excesivo, también se corre el riesgo de que las raíces del vegetal en cuestión se pudran. Para evitar eso, el sustrato donde se encuentra la planta debe tener buen drenaje, esto es, mecanismo de salida del líquido sobrante. De ello hablamos más detalladamente en el punto siguiente.

Sustrato y abono

- En cuanto al sustrato, se recomienda ampliamente no usar tierra de jardín sino compost, aunque también sirven otras mezclas como hierba cortada, hojas de árboles etc. que con el paso del tiempo se convertirán en compost.

- También existe la posibilidad de comprar en un vivero o comercio similar una bolsa de una mezcla especialmente preparada para huertos.

- Sea cual sea la alternativa elegida, las hortalizas siempre agradecen un sustrato bien aireado. Por ello, se recomienda remover periódicamente la tierra de la superficie del recipiente elegido con una pequeña pala. Por supuesto, ello debe hacerse con delicadeza y suavidad, y lentamente, teniendo sumo cuidado de no lastimar raíz alguna.

- Un truco para conseguir sustrato bien aireado sin trabajar en ello es colocar en él algunas lombrices. Ello además, conlleva una ventaja adicional: abonan y enriquecen el sustrato donde se encuentra la planta.

- En cuanto al tema abono, una macetohuerta necesita sí o sí de él. Por supuesto, en los viveros y comercios especializados se expenden productos muy específicos y hasta fertilizantes especiales para una verdura y no para otra. Son una muy buena y rápida alternativa.

- Otra opción para abonar la tierra es utilizar los desechos de frutas y verduras que se usan para cocinar: cáscaras de papas o banana, vainas de arvejas, hojas quemadas que se descartan de la acelga, etc. Nunca semillas, claro, pues eso podría dar origen a una nueva planta. La cáscara de huevo molida también es un excelente abono y muy rico en calcio. Al respecto de la utilización de desechos culinarios vegetales a modo de abono, una precaución importante a tomar es no colocar desaprensivamente los restos sobre el sustrato. De esa forma no se mezcla con la tierra y, además, es un "llamador" de insectos, especialmente moscas y mosquitos. Los desechos deben plantarse en la tierra o bien, ser colocados en su superficie y, luego, tapados con más compost.

- Aunque pueda resultar un poco chocante es bueno recordar que el estiércol es un excelente abono (sea del animal que sea) y que, enterrado convenientemente, no genera olores

- No se requiere de mucha profundidad de suelo para realizar una huerta en maceta.

En general, la mayoría de las hortalizas se puede plantar, y desarrollan bien teniendo unos 15-20 cm de sustrato y, muchas de ellas, necesitan aún menos. Lo que sucede es que, salvo excepciones, no requieren mucho volumen de tierra si tienen suficiente agua, aire y nutrientes.

- En el fondo se recomienda colocar materiales de difícil corrupción y que creen huecos para que las raíces encuentren el aire que necesiten. Grava, cáscara de coco y hasta latas de bebida cortadas son algunas de las alternativas.

- Esos materiales también facilitarán, en parte, un buen drenaje, de forma tal que la planta tome el agua que necesite y descarte la que no, evitando la pudrición. Algunos otros elementos que facilitan el drenaje son: la perlita, la vermiculita y la arena.

- Fundamental: el sustrato de la maceta o recipiente donde se encuentran los vegetales deberá estar siempre libre de yuyos y malezas, ya que estas tienen la particularidad (como no podía ser de otra manera, al compartir el mismo espacio y sustrato) de competir con nuestros vegetales sembrados por el agua y los nutrientes.

- Tener en cuenta que con el paso del tiempo, todo sustrato (por nutritivo y aireado que haya sido en un principio) tiende a empobrecerse y a compactarse. Por ello se aconseja, cada principio de primavera, renovar la tierra de cada maceta o de cada recipiente donde se planta la huerta. No es necesario cambiarla en su totalidad, pero sí conviene sacar por lo menos la mitad que se encuentra más cerca de los bordes del recipiente y reemplazarla por un compost nuevo. Por supuesto, en el momento de efectuar el procedimiento se debe ser sumamente cuidadoso de no lastimar las raíces.

- Hasta que llegue ese momento, los viveros y establecimientos similares ofrecen multiplicidad de productos orgánicos y químicos (abonos y fertilizantes) que ayudan notablemente a optimizar el rendimiento de la tierra. Averigüe cuáles son los más convenientes para cada tipo de planta, pues los hay de muchos tipos.

Recipientes

- ¿Qué recipientes usar para colocar las plantas o plantines de su huerta? Por supuesto, la primera respuesta que surge es: una maceta o una jardinera, y a la primera siempre nos referimos en el texto del presente volumen. Por supuesto, eso es válido, y sin duda alguna constituye la alternativa más coqueta. Además, es el nombre que adquiere esta práctica o tendencia: macetohuerta o huerta en maceta.

- Sin embargo no está de más recordar que este tipo de sembrados es una oportunidad realmente invalorable para reciclar objetos y materiales y, con ello, contribuir a la ecología. Pruebe emplazar los plantines en neumáticos usados, contenedores varios, bolsas de arpillera, vajilla que ya no utiliza y que pensaba descartar, botellas plásticas de 2 litros cortadas a la mitad, etc.

Luz, ubicación y temperatura

- En cuanto a la luz y a la ubicación (variables ambas íntimamente relacionadas) la regla general suele ser de un mínimo de 8 horas de luz solar directa para un buen

crecimiento y fructificación de los vegetales. Si en el lugar sólo se cuenta con unas 4 horas de sol, igualmente pueden darse bien algunas variedades.

- Algunas verduras (como, por ejemplo, la mayoría de las de hoja verde) es mejor no exponerlas al sol cuando este se combina con temperaturas muy altas, como sucede en los mediodías estivales.

- Girar los recipientes de cuando en cuando para lograr un crecimiento uniforme es una excelente idea.

- La ubicación de las macetas también está en correlación directa con otro factor: los vientos y las corrientes de aire. Muchas plantas no se llevan nada bien con ellos y las hortalizas no suelen ser una excepción al respecto y, mucho menos, cuando son pequeñas y frágiles. Pero el hecho de plantarlas en macetas o recipientes ofrece la enorme ventaja de que permite su traslado al sitio más adecuado. Si las macetas o recipientes contenedores van a estar ubicados en terrazas o pisos altos, indefectiblemente, estarán expuestos a vientos. Para minimizar su impacto existen varios recursos, tales como emplazarlos sobre una pared, o bien, realizar alguna barrera "antiviento" con algunas plantas resistentes (como por ejemplo, un ciprés) o algún elemento decorativo: celosías, cortina de juncos o de cañas, una mediasombra, etc. En algunos casos específicos (como los tomates, pepinos o zucchinis) también se deberán colocar tutores.

Cómo sembrar

Existen tres modalidades básicas para obtener vegetales: la siembra directa, la presiembra en semillero y la compra en vivero de plantas.

- La primera consiste, simplemente, en enterrar las semillas a profundidad adecuada, y mantenerlas húmedas y a temperatura constante, de forma tal que la planta se desarrolle. Es una alternativa para las especies más duras y resistentes, que no necesitan de cuidados especiales ni siquiera cuando son muy pequeñas.

- La pre-siembra en semillero consiste en plantar las semillas en un recipiente provisorio (un vasito de yogur, por ejemplo, puede ir muy bien) y emplazarlo en algún lugar templado, sin cambios bruscos de temperatura, iluminado pero sin sol directo y que esté siempre húmedo, sin encharcarlo. Cuando las plantas alcanzan una determinada altura o desarrollo, se las traslada a su recipiente definitivo. Esta modalidad se recomienda cuando las diferencias de temperatura entre el día y la noche resultan acentuadas y, en líneas generales, suele ser la que asegura los mejores y más fiables resultados.

- La tercera alternativa es la más rápida y práctica: comprar las plantas ya crecidas en un vivero y transplantarlas. Pero suele ser la más onerosa y, en cierta medida, quita parte del placer que se suele encontrar en la tarea de la huerta.

Importancia de la rotación de cultivos

La rotación de cultivos es un precepto básico de toda huerta y la emplazada en macetas no es una excepción al respecto. No cultivar siempre la misma especie en el mismo recipiente o sustrato asegura que la tierra no se agote y que se renueven los nutrientes, así como también posibilita que se corte el ciclo de generación de plagas específicas de una determinada especie. Efectivamente, si se plantan alternativamente cultivos de diferentes vegetales se reduce el riesgo de padecer este tipo de problemas. Pero como esa medida no garantiza ni remotamente la ausencia de plagas, abordamos el tema más en detalle en el punto siguiente.

Control de plagas

Los vegetales de una huerta, al igual que cualquier otra planta, se encuentran expuestos a plagas diversas. Efectivamente, todas ellas pueden ser atacadas por insectos (pulgones, caracoles, arañas, etc.) o bien por enfermedades producidas por hongos o bacterias. Sin embargo, para luchar contra ellas hay que ser sumamente cuidadoso debido a que estas plantas se ingieren y los plaguicidas pueden resultar muy tóxicos. ¿Qué hacer, entonces? Lo más conveniente, sobre todo para aquellos que recién se están iniciando en el cultivo de huerta, consiste en lo siguiente: cada vez que se evidencie un signo de plaga en una planta, tomar nota del síntoma y plantearlo en un vivero de confianza, siempre aclarando que los frutos de la planta se destinarán al consumo humano. Los signos más usuales son hojas amarillas que se secan y caen, con agujeros, manchadas o pegajosas al tacto.

Diez vegetales ideales para plantar en maceta

Acelga

Nombre científico: *Beta vulgaris var. cicla*

Planta de grandes hojas verdes y blancas pencas carnosas, la acelga es, luego de la espinaca, una de las verduras más ricas en calcio. Habitualmente se la consume cocida, pero también sirve para cortar en fina juliana y formar parte de ensaladas. Y su cultivo resulta relativamente fácil en cualquier espacio con que se cuente.

Cultivo y cosecha

- Las semillas se pueden sembrar durante todo el año, aunque la época ideal resulta la primavera.
- Se recomienda realizar una pre-siembra en semillero, con un buen compost previamente humedecido, tanto por debajo como por encima. Asimismo, regar de forma ligera como si fuera una lluvia y hacer que reciban luz y sol, pero no exponer a temperaturas extremas.
- Una vez que los plantines tengan un par de hojas se los traslada a su ubicación definitiva.
- Llenar la maceta o el recipiente elegido con compost un tanto arcilloso y rico en materia orgánica. Le van bien los suelos alcalinos y no soportan bien los ácidos.
- Necesita riego frecuente, pero en pequeñas cantidades. Durante el verano, se recomienda una frecuencia de riego diaria y más espaciada durante el resto del año. La idea es que el suelo siempre se encuentre húmedo, pero nunca encharcado.
- En cuanto a la luz, no la requiere en cantidad excesiva y hasta puede resultarle perjudicial un exceso de sol sumado a temperaturas altas. Por ello, lo mejor suele ser emplazarla en un lugar sombreado y "sacarla a tomar sol" un par de horas al día.
- Va bien en clima templado y debe cuidársela especialmente de los cambios bruscos de temperatura.
- Se la cosecha entre 90 y 120 días luego de la siembra. Para ello, existen dos opciones. La primera de ellas es retirar la planta entera cortando a nivel del tallo. La otra alternativa es ir retirando las hojas exteriores cuando estas tengan una altura aproximada de 20-25 cm.

Ají

Nombre científico: *Capsicum annuum*

Ají, pimiento, morrón y chile son los nombres de un vegetal que puede tener colores muy distintos, tamaños muy diversos y, también, diferentes grados de picor. Fácil de cultivar tiene, además, una función ornamental agregando color a su lugar de emplazamiento.

Cultivo y cosecha

- Sembrar las semillas hacia finales del invierno o principios de la primavera.
- Se recomienda realizar una pre-siembra en semillero, con un buen compost previamente humedecido, tanto por debajo como por encima. Asimismo, regar de forma ligera como si fuera una lluvia y hacer que reciban luz y sol, pero no exponer a temperaturas extremas.
- Aproximadamente 2 meses después transplantar a su ubicación definitiva, cuya medida dependerá del tipo de variedad elegida.
- Llenar la maceta o el recipiente elegido con una tierra rica en nutrientes y levemente ácida, y asegurar un excelente drenaje colocando, por ejemplo, perlita.
- Necesita riego abundante, especialmente cuando la temperatura es alta. Como requiere de mucha humedad y como lo ideal es regarla sin mojar sus frutos, una alternativa ideal es colocar la maceta sobre un recipiente con agua para que "tome" lo que necesite. También es una excelente idea apoyar la maceta sobre una capa de guijarros húmedos.
- Le va bien una buena cantidad diaria de sol directo, aunque el exceso puede originar manchas en los frutos.
- Planta de origen tropical, la temperatura óptima para ella está en el rango de los 20-25º grados.
- Se lo cosecha, aproximadamente, a los 80 días de sembrado y cuando el fruto ya haya alcanzado el tamaño adecuado para su variedad.

Cebolla

Nombre científico: *Allium cepa*

Infaltable en las cocinas de todo el mundo, la cebolla es un vegetal que (al igual que el ajo) posee benéficos efectos sobre la salud de quien la consume, por lo que puede considerársela tanto un alimento como un remedio. Cruda resulta fuerte y picante, pero cocida su sabor se atenúa y se torna dulce.

Cultivo y cosecha

- Puede sembrarse durante todo el año, pero la época óptima es distinta según la variedad y el ciclo de cultivo. Si tiene dudas acerca de ello, siembre las semillas hacia principios de la primavera.
- Se puede realizar una pre-siembra en semillero, con un buen compost previamente humedecido, tanto por debajo como por encima, pero lo cierto es que, debido a su rusticidad y alta resistencia, puede plantarse directamente en su emplazamiento definitivo. Si se opta por la primera opción, se debe regar de forma ligera como si fuera una lluvia y hacer que reciba luz y sol. Contrariamente a otras plantas en igual situación, pueden soportar temperaturas extremas, sobre todo si estas son bajas.
- Para el emplazamiento definitivo (al que se recomienda llevar los plantines de pre-siembra unos tres meses después de la siembra) no deben cumplirse muchas exigencias, ya que la cebolla no tiene raíces grandes y no precisa, por lo tanto, de una maceta muy profunda.
- Llenar la maceta o el recipiente elegido con una tierra rica en nutrientes, suelta y ligeramente ácida. Si se coloca algún material (como perlita) para facilitar un buen drenaje, mucho mejor.
- No necesita un riego abundante. Tanto este como el encharcamiento por falta de un buen drenaje pueden llegar a pudrir el bulbo o, al menos, a agrietarlo.
- En cuanto a luz, sí necesita un mínimo de cinco horas diarias de sol.
- Un clima templado, 15 a 23º, le resulta el ideal, pero puede adecuarse bien a un rango un poco más extenso.
- Se la cosecha entre 3 y 5 meses después de sembrarla, cuando las hojas comienzan a secarse y a caer sobre la tierra. Para hacerlo, se retira suavemente la planta completa.

Espinaca

Nombre científico: *Spinacia oleracea*

Rica en hierro y en otros múltiples nutrientes, la espinaca es una verdura de hoja verde que puede consumirse tanto cocida como cruda, hecho este último no muy conocido por estos lares.

Cultivo y cosecha

- Las semillas se pueden sembrar durante todo el año, aunque la época ideal resulta la primavera.
- Se recomienda realizar una pre-siembra en semillero, enterrando bien las semillas y sin regarlas hasta que germinen, manteniéndolas en un lugar cálido y a la sombra. Una vez que germinen, regar cada 3 días.
- Cuando los plantines ya tengan un par de hojas, cosa que deberá suceder aproximadamente entre 15 y 30 días después de su siembra, se los trasladará a su emplazamiento definitivo, donde podrán colocarse un par de plantas, siempre que la distancia entre ellas sea de unos 30 cm.
- Llenar la maceta o el recipiente elegido con una tierra muy buena, pues la espinaca es muy exigente al respecto. Se recomienda una mezcla muy rica en nutrientes y especialmente en nitrógeno, de buena estructura física, ligeramente suelta y con pH neutro, ya que tanto la alcalinidad como la acidez la perjudican, cada una a su manera. Un buen drenaje, también es fundamental.
- Regar moderadamente cuando es pequeña y todos los días durante el verano o cuando la planta ya ha crecido.
- Si bien gusta de la luz, es importante no someterla al sol intenso de las horas cercanas al mediodía. Es mejor que "tome sol" durante las primeras horas de la mañana.
- En cuanto a la temperatura soporta un rango muy extenso (incluso por debajo de los 0º), aunque el ideal se encuentra en aquellas que caracterizan al clima templado.
- Se la cosecha entre 1 y 2 meses después de sembrada. Se puede retirar la planta entera cortándola a nivel del tallo o bien, cuando esta alcanza los 10 cm de altura, se pueden ir sacando las hojas para su consumo.

Lechuga

Nombre científico: *Lactuca sativa*

La lechuga es una excelente alternativa para comenzar una macetohuerta, especialmente para aquellos con poca práctica en las lides del cultivo. No requiere de grandes cuidados, no necesita mucha profundidad de suelo y crece con facilidad.

Cultivo y cosecha

- Las semillas se pueden sembrar durante todo el año.
- Se recomienda realizar una pre-siembra en semillero, con un buen compost previamente humedecido, tanto por debajo como por encima. Asimismo, regar de forma ligera como si fuera una lluvia y hacer que reciban luz y sol, pero no exponer a temperaturas extremas.
- Cuando los plantines ya tengan un par de hojas, se los trasladará a su emplazamiento definitivo donde podrán plantarse varios de ellos convenientemente separados entre sí (20-30 cm)
- Llenar la maceta o el recipiente elegido con una tierra blanda, permeable, con abundante materia orgánica y, de preferencia, con un pH neutro.
- Regar diariamente durante el verano y cada 2 o 3 días el resto del año. Cuidado con el exceso de riego (especialmente si el suelo es pesado) pues puede hacer que se quemen los bordes de las hojas y hasta producir enfermedades.
- La luz del sol le resulta muy benéfica, siempre y cuando no se la combine con las altas temperaturas veraniegas. En estos casos, conviene colocarlas a la sombra durante las horas cercanas al mediodía.
- Se trata de un cultivo que se siente bien en clima fresco. El mayor peligro de las altas temperaturas -que deben evitarse- es que las hojas se tornen demasiado

amargas o se "espiguen", esto es, se forme un tallo largo que permite la no conveniente floración.

- Se la cosecha entre 20 y 90 días después de sembrada (dependiendo de la época y la temperatura). Se puede retirar la planta entera o bien, ir sacando las hojas para su consumo.

Pepino

Nombre científico: *Cucumis sativus*

Fresco como tal vez no lo sea ninguna otra verdura y de un bajísimo contenido calórico, el pepino es una planta que, si bien puede cultivarse en balcones y terrazas, es bueno tener en cuenta que necesita más lugar disponible que, por ejemplo, la espinaca o la cebolla.

Cultivo y cosecha

- La época ideal para plantar las semillas es la primera mitad de la primavera, aunque ese intervalo puede extenderse a: finales del invierno-principios del verano.
- Se recomienda realizar una pre-siembra en semillero, con un buen compost previamente humedecido, tanto por debajo como por encima. Asimismo, regar de forma ligera como si fuera una lluvia y hacer que reciban luz y sol, pero no exponer a temperaturas extremas.
- Un mes después de la siembra, los plantines ya podrán trasladarse a su emplazamiento definitivo.
- Llenar la maceta o el recipiente elegido con tierra de estructura suelta y que contenga suficiente materia orgánica. Un buen drenaje también es fundamental.
- Se puede hacer que la planta crezca en forma rastrera (en un recipiente de boca muy ancha) o bien propiciar que lo haga hacia arriba por medio de tutores.
- Es una verdura que requiere de un gran nivel de humedad, pero no de riego excesivo, ya que es importante no encharcar el suelo. Por ello, lo mejor es combinar un riego abundante con pulverizaciones sobre sus hojas. También es una excelente idea apoyar la maceta sobre una capa de guijarros húmedos. De esa manera, se formará a su alrededor un ambiente de humedad que le resultará muy favorable.
- En cuanto a la luz, unas 12 horas diarias hará que tenga muchos y sabrosos frutos, pero también soporta bien una menor cantidad de luz.
- El rango ideal de temperatura está entre los 20 y 30º. No soporta las heladas.
- Se la cosecha cuando sus frutos han alcanzado el punto justo de maduración, lo que suele suceder unos 3 meses luego de su siembra.

Rabanito

Nombre científico: *Raphanus sativus*

Carnosos, coloridos, sabrosos y picantes, los rabanitos son unas raíces cuyo cultivo no presenta mayores complicaciones, por lo que son una buena alternativa para un primer intento de huerta en maceta.

Cultivo y cosecha

- Las semillas se pueden sembrar durante todo el año, aunque los mejores resultados suelen obtenerse cuando se las siembras en primavera.
- Se puede realizar una pre-siembra en semillero, con un buen compost previamente humedecido, tanto por debajo como por encima, pero lo cierto es que puede plantarse directamente en emplazamiento definitivo, siempre que se la mantenga en un rango de temperatura de entre 18 y 22º. Si se opta por la primera opción se debe regar de forma ligera como si fuera una lluvia y hacer que reciban luz y sol.
- Si se elige la pre-siembra en semillero, se recomienda el traslado a su emplazamiento definitivo cuando aparezcan los primeros brotes, entre 15 y 30 días luego de la siembra. En el caso de los rabanitos sí se recomienda un recipiente ancho y profundo para que sus raíces puedan desarrollarse en plenitud.
- Se adapta bien a cualquier clase de suelo, aunque prefiere aquellos ricos en humus. Eso sí: un buen drenaje es imprescindible.
- Regar de forma regular y en pequeñas dosis, permitiendo que la tierra se mantenga siempre ligeramente húmeda, pero nunca encharcada.
- En cuanto a la variable luz, debido a su alto poder de adaptabilidad, no hay ninguna recomendación especial, más allá de la necesidad de proteger las plantas del intenso sol del verano.
- Aunque prefiere los climas templados, es muy resistente al frío.
- Se cosecha la planta entera, extrayéndola de la maceta. El tiempo adecuado para hacerlo varía entre los 45 y los 80 días posteriores a la siembra, de acuerdo a la variedad y al tamaño de la planta.

Rúcula

Nombre científico: *Eruca sativa*

Rica en hierro y en vitamina C, la rúcula es una verdura de hoja verde que en Argentina se ha descubierto recién en los últimos años. De gusto un tanto amargo, picante y sumamente aromática, convierte en un lujo cualquier ensalada y va excelente como toque final de una pizza, siempre agregada después del horneado.

Cultivo y cosecha

- Las semillas se pueden sembrar durante todo el año, aunque conviene saltear el verano.
- Se recomienda realizar una pre-siembra en semillero, con un buen compost previamente humedecido, tanto por debajo como por encima. Asimismo, regar de forma ligera como si fuera una lluvia y hacer que reciban luz y sol, pero no exponer a temperaturas extremas.
- Cuando los plantines ya tengan un par de hojas, cosa que deberá suceder aproximadamente entre 15 y 30 días después de su siembra, se los trasladará a su emplazamiento definitivo. En el mismo se podrán colocar un par de plantas, siempre que la distancia entre ellas sea de unos 15 cm.
- Llenar la maceta o el recipiente elegido con un buen compost, aunque lo cierto es que la rúcula no es muy exigente en cuanto a suelos.
- Regar moderadamente cuando es pequeña y todos los días durante el verano o cuando la planta ya ha crecido. Se recomienda regar abundantemente en los días previos a la cosecha para que las hojas resulten más tiernas.
- Si bien gusta de la luz, es importante no someterla al sol intenso de las horas cercanas al mediodía. Es mejor que "tome sol" durante las primeras horas de la mañana.
- En cuanto a la temperatura soporta un rango muy extenso (incluso por debajo de los 0º), aunque el ideal se encuentra entre los 15 y 25º.
- Se la cosecha entre 1 y 2 meses después de sembrada. Se puede retirar la planta entera cortándola a nivel del tallo o bien, cuando esta alcanza los 10 cm de altura, se pueden ir sacando las hojas para su consumo.
- Importante: cortar la planta antes de que florezca, pues la floración le cambia el gusto a las hojas.

Tomate

Nombre científico: *Lycopersicum esculentum = Solanum lycopersicum*

El tomate es una planta anual que, dependiendo del terreno, puede durar más de un año. Tiene muchísimas variedades de las cuales los redondos, los peritas y los cherries son en estos momentos los más habitualmente comercializados y consumidos.

Cultivo y cosecha

- Plantar las semillas hacia finales del invierno-principios de la primavera.
- Se recomienda realizar una pre-siembra en semillero, con un buen compost previamente humedecido, tanto por debajo como por encima. Asimismo, regar de forma ligera como si fuera una lluvia y hacer que reciban luz y sol, pero no exponer a temperaturas extremas.
- Cuando se abran los cotiledones y/o los plantines hayan adquirido un grosor de un par de milímetros, se los puede trasladar a su emplazamiento definitivo.
- Llenar la maceta o el recipiente elegido con compost blando, muy bien abonado, enriquecido con materia orgánica y con excelente drenaje. Además, lo ideal es un suelo ligeramente ácido. En las especies arbustivas, clavar cañas para guiar y sostener las plantas cuando crezcan.
- Regar abundante y puntualmente, manteniendo la frecuencia. La clave está en no dejar que el sustrato se seque, pero tampoco se encharque. Es buena idea apoyar la maceta sobre una capa de guijarros húmedos, de manera tal que se forme a su alrededor un ambiente húmedo. De esa forma, además, se evitará mojar las hojas, precaución muy conveniente,
- Los tomates necesitan mucho sol directo y se recomienda un mínimo de 6 horas diarias de luz.
- Asimismo, gustan de un clima templado tendiente a cálido (20 a 24º). No van bien con el frío e, indefectiblemente, mueren con las heladas. Por ello, si se los va a plantar en una región fresca es imprescindible evaluar la posibilidad de tapar la planta con un plástico durante las noches o cuando la temperatura baje.
- El momento de la cosecha se produce aproximadamente 3 meses luego de la siembra, cuando los frutos se encuentran rojos y maduros.

Zucchini

Nombre científico: *Cucurbita Pepo*

El zucchini (familiarmente conocido como "zapallito largo") es una verdura con pocas calorías, y fuente de betacarotenos y vitaminas. Es bueno tener en cuenta que necesita más lugar disponible para su cultivo que, por ejemplo, la lechuga o la rúcula.

Cultivo y cosecha

- La época ideal para plantar las semillas es durante la primavera.
- Se recomienda realizar una pre-siembra en semillero, con un buen compost previamente humedecido, tanto por debajo como por encima. Asimismo, regar de forma ligera como si fuera una lluvia y hacer que reciban luz y sol, pero no exponer a temperaturas extremas.
- Un mes después de la siembra, los plantines ya podrán trasladarse a su emplazamiento definitivo.
- Llenar la maceta o el recipiente elegido con tierra bien provista de materia orgánica, textura franca y con un buen drenaje. Va mejor en un suelo ligeramente ácido que en uno alcalino, pero lo cierto es que es muy adaptable al respecto.
- Se puede hacer que la planta crezca en forma rastrera (en un recipiente de boca muy ancha) o bien propiciar que lo haga hacia arriba por medio de tutores.
- Es un vegetal que requiere de un gran nivel de humedad, pero no de riego excesivo, por lo que será importante no encharcar el suelo. Por ello, lo mejor es combinar un riego abundante con pulverizaciones sobre sus hojas. También es una excelente idea apoyar la maceta sobre una capa de guijarros húmedos, De esa manera, se formará a su alrededor un ambiente de humedad que le resultará muy favorable. A partir del nacimiento de los frutos se debe incrementar el nivel del riego, pero siempre se lo debe hacer en pequeñas cantidades.
- En cuanto a la luz, unas 12 horas diarias hará que tenga muchos y sabrosos frutos, pero también soporta bien una menor cantidad de luz.
- El rango ideal de temperatura está entre los 25 y 35º y no debe exponérsela a temperaturas por debajo de los 8º.
- Se la cosecha cuando sus frutos han alcanzado el punto justo de maduración, lo que suele suceder unos 2-3 meses luego de su siembra.

Índice